COMICE AGRICOLE

DE L'ARRONDISSEMENT DE VILLENEUVE-SUR-LOT

CONFÉRENCE

SUR

LA NATURE DE LA PROPRIÉTÉ

par

M. TRÉMOULET

Ancien Président de la Chambre des Notaires.

—⊂⊃—

VILLENEUVE-SUR-LOT

IMPRIMERIE ÉDOUARD CHABRIÉ

13, BOULEVARD SAINT-CYR, 13

1882

COMICE AGRICOLE DE VILLENEUVE

CONFÉRENCE

SUR

LA NATURE DE LA PROPRIÉTÉ

par

M. TRÉMOULET

Ancien Président de la Chambre des Notaires

À Messieurs les Membres du Comice Agricole de Villeneuve-sur-Lot

MESSIEURS,

Je commence par vous remercier de l'accueil bienveillant que vous avez toujours fait à mes communications. La question que je vais traiter, aujourd'hui, devant vous, a été l'objet des études de toute ma vie. L'occasion que vous m'offrez de vous en entretenir est donc précieuse pour moi, et néanmoins ce n'est qu'avec beaucoup d'hésitation que je me suis déterminé à en profiter, et vous allez en comprendre les motifs.

Par trois fois déjà j'ai essayé de faire des conférences sur le même sujet. J'ai choisi moi-même mes auditeurs ; ils étaient en petit nombre, et je savais que je pouvais compter sur leur compétence et leur bienveillance. Avant de commencer mon exposition, je les avais priés de m'entendre jusqu'à la fin sans m'interrompre, sans me faire d'objections, parce que, évidemment, on ne peut juger un système qu'après l'avoir connu en entier. C'est ce qui m'a été promis, et certes, chacun des auditeurs avait bien l'intention de tenir sa promesse, mais leurs nerfs ont été plus forts que leur bonne volonté ; au bout d'un quart d'heure, il leur était impossible de tenir en place ; j'étais assailli d'objections, j'ai dû, pour y répondre, bouleverser l'ordre de ma démonstration, en sorte que je n'ai jamais pu la terminer.

Que sera-ce aujourd'hui, que le personnel de mes auditeurs n'est pas choisi, n'est pas composé exclusivement de personnes compétentes.

La situation semble devoir être plus difficile ; mais deux réflexions ont fait cesser toute hésitation. D'abord la question telle que je l'ai posée n'est pas le moins du monde une question scientifique; c'est une question de simple bon sens, et, à cet égard, vous êtes aussi compétents, sinon plus compétents que qui que ce soit ; ensuite, si je ne dois pas trouver chez vous la science technique, je ne rencontrerai point la prévention qu'on rencontre si souvent chez les hommes spéciaux.

Je me suis donc hasardé en faisant appel à toute votre bienveillance.

L'objet de cette conférence est la démonstration de la nécessité de rattacher au cadastre la preuve de la propriété foncière.

I. Le Cadastre sert de base à l'impôt.

Je vous parlerai donc du Cadastre. Son principal objet est la répartition exacte de l'impôt entre les contribuables, et, à ce point de vue, il est à peu près aussi mal organisé que possible. Dans les recherches que j'ai faites avec ceux qui, comme moi, se sont voués à l'étude de cette question, nous avons trouvé des preuves innombrables de cette mauvaise répartition ; je me bornerai à citer deux exemples.

Un propriétaire avait deux domaines situés à petite distance l'un de l'autre, mais dans deux départements différents; l'un était affermé 12,060 francs, l'autre 60,000 francs ; les deux payaient à peu près exactement le même impôt.

On nous a cité, dans la Bretagne, un marais qui avait été desséché et converti en un domaine d'une excellente nature ; il était affermé 2,400 francs et payait trois francs d'impôts. Il y a dans notre arrondissement, à St-Georges, canton de Tournon, une propriété affermée 520 francs qui paie 125 fr. d'impôts. En faisant le calcul proportionnel, j'ai trouvé que l'un payait deux cents francs plus que l'autre.

Lorsque de pareils abus peuvent, je ne dirai pas se produire, car on peut se tromper partout, mais se perpétuer indéfiniment, on peut dire qu'il y a là une organisation essentiellement défectueuse.

Toutefois, ce n'est pas au point de vue de l'impôt que je me suis occupé du Cadastre, je m'en suis occupé au point de vue de la preuve et de la constitution de la propriété.

II.   Il tend à servir à la preuve de la propriété.

Quoique ce ne soit point là sa destination, par la seule force des choses, le cadastre est devenu un des éléments de la propriété foncière. Chaque parcelle de terre y est désignée par un numéro distinct, et en regard de ce numéro reporté sur un registre, on inscrit le nom de celui qui paie l'impôt, c'est-à-dire du propriétaire ou de celui qui représente le propriétaire.

Aussi, chacun est naturellement amené à considérer l'inscription cadastrale comme une preuve de la propriété. Lorsque quelqu'un achète un domaine et qu'il veut savoir en quoi il consiste, il consulte le cadastre.

Et ce n'est point là une impression du vulgaire, contre laquelle, après tout, on peut prétendre qu'il faut se tenir en garde, le législateur lui-même la subit. Dans les expropriations pour cause d'utilité privée ou pour cause d'utilité publique, le législateur exige la reproduction des numéros du cadastre, et l'administration de l'enregistrement considère comme propriétaire celui qui se fait inscrire au cadastre et lui réclame le droit et le double droit de mutation.

Ainsi, on le voit, nous sommes tous amenés invinciblement à considérer le cadastre comme pouvant nous offrir une base pour la preuve de la propriété.

III.   Cette tendance est-elle naturelle.

Cette tendance est-elle dans la nature des choses? devons-nous la suivre ou devons-nous lui résister ?

C'est ce que nous allons examiner.

Les philosophes et les savants qui ont eu à s'occuper de cette grave question se sont reportés par la pensée à ces époques primitives où les hommes se sont réunis en société pour retrouver le moment psychologique où le dogme de la propriété a fait son apparition parmi eux. Les jurisconsultes ont étudié la nature de la propriété chez les Grecs, les Romains, et surtout dans les textes de notre ancienne législation, pour en déterminer les caractères constitutifs et en dégager la formule qui devait les consacrer, et il en est résulté la législation qui nous régit.

Mais il n'était pas nécessaire d'aller si loin et de remonter si haut. La propriété se crée et se forme à tout instant sous nos yeux, et rien ne nous est plus facile que d'étudier à loisir les lois qui président à sa formation.

On disait autrefois : il y a quelqu'un qui a plus d'esprit que Voltaire, ce quelqu'un, c'est tout le monde. Je dirai de même, il y a quelqu'un qui est plus grand jurisconsulte que le premier des jurisconsultes; ce quelqu'un, c'est tout le monde.

Voyons donc, pour ce jurisconsulte qu'on appelle tout le monde, ce qu'est la propriété.

IV. Opinion du plus grand des jurisconsultes.

A quoi reconnaît-on qu'un individu est propriétaire d'un objet? C'est lorsqu'il le détient en sa possession.

Je suis au moment de monter en chemin de fer; je tiens à la main une petite malle de voyage, je prouve par cela même qu'elle est à moi, tout comme le chapeau que j'ai sur la tête, tout comme le mouchoir que j'ai dans ma poche. Mais si je veux me soustraire à cette détention incommode, il me suffira d'y inscrire mon nom pour établir mon droit de propriété et être fondé à en exiger la remise.

Ainsi, voilà comment s'établit aux yeux de tous le droit de propriété; par la possession, puis par l'inscription du nom sur l'objet.

Une nouvelle phase se produit lorsque les circonstances l'exigent. L'objet est représenté par un numéro d'ordre et la possession ou l'inscription se réfère à ce numéro comme à l'objet lui-même. Ainsi, lorsque je me dessaisis de ma malle pour la réunir aux autres bagages, ma malle sera marquée d'un numéro et la possession de ce numéro prouvera mon droit à la propriété de la malle tout comme sa possession, tout comme l'inscription de mon nom,

Si au lieu de la malle, j'expédie à un tiers un colis, il sera, lui aussi, marqué d'un numéro et en regard de ce numéro, reporté sur un registre, on inscrira mon nom et le nom du destinataire, qui pourra, dès lors, le réclamer et à qui il sera remis sans difficulté.

Il en est exactement de même pour le Grand-Livre de la dette publique. Chaque titre de rente est assorti d'un numéro d'ordre. Les rentes sont, ou nominatives, ou au porteur; si elles sont nominatives, on inscrira le nom du rentier sur le Grand-Livre, en regard du numéro; si elles sont au porteur, on lui remettra l'extrait du Grand-Livre avec le numéro de la rente, et la possession de ce numéro prouvera son droit à la propriété de la rente.

V. Loi de la Propriété.

Voilà donc la loi qui régit la propriété : La propriété se prouve par la possession, puis par l'inscription du nom. La possession et l'inscription s'exercent soit directement sur l'objet lui-même, soit sur le numéro qui le représente.

Cette loi se retrouve partout. Elle se retrouve dans tous les actes de la vie de l'homme où un droit de propriété, ou même un droit quelconque, se trouve en jeu de quelle manière que ce soit. Il n'est pas même besoin d'inscrire le nom, les simples initiales suffisent. Je parlais tout à l'heure de mon chapeau, de mon mouchoir. Mes initiales au fond de mon chapeau, mes initiales à l'angle de mon mouchoir établissent parfaitement mon droit de propriété.

Mais cette formule est-elle simplement un caractère extérieur ou superficiel de la propriété, ou bien en forme-t-elle l'élément essentiel et constitutif?

VI. Décomposition de la Propriété.

Nous avons un moyen de nous en assurer. Nous n'avons qu'à prendre une parcelle imperceptible de la propriété, une fraction infinitésimale, un atome, si vous voulez. Si dans cette parcelle, dans cette fraction, dans cet atome, nous retrouvons les caractères que nous avons signalés, nous en conclurons

avec certitude qu'ils forment les éléments essentiels et constitutifs du droit de propriéte.

Nous allons donc faire de la chimie juridique, nous allons
décomposer le droit de propriété.

Pour cela, nous allons d'abord examiner en quoi consiste le
droit de propriété ; je ne vous en donnerai pas une définition
appropriée aux besoins de ma cause, je prendrai la propriété
telle que le Code l'a définie. Aux termes de l'art. 544 du Code
civil, *la propriété est le droit de jouir et de disposer d'une chose
de la manière la plus absolue.*

Il en résulte que tout ce qui a trait à la disposition et à la
jouissance de la chose fait partie du droit de propriété.

Prenons le droit le plus insignifiant qu'il soit possible d'ima-
giner, le droit de cueillir une fleur, par exemple. Du moment
que j'ai concédé ce droit, ma propriété ne sera plus entière,
car je ne pourrai plus disposer de la chose de la manière la
plus absolue ; il faudra que je respecte et que je fasse respecter le droit que j'ai concédé. Mon droit de propriété sera
divisé en deux parts, bien inégales, sans doute, mais en
deux parts bien distinctes, l'une qui reposera sur ma tête,
l'autre qui reposera sur la tête de la personne à qui le droit
de cueillir la fleur a été concédé.

Nous allons faire une application de cette méthode sans
sortir de cette enceinte.

Nous sommes dans un théâtre appartenant à une société
d'actionnaires. Cette société a par suite le droit d'en jouir et
d'en disposer de la manière la plus absolue. Elle a afferné le
rez-de-chaussée ; elle est obligée de respecter et de faire respecter le droit de son locataire ; elle ne peut plus en jouir et
en disposer de la manière la plus absolue, elle a donc diminué
son droit de propriété, elle en a détaché une parcelle.

Elle a ensuite loué la salle de spectacle à une troupe dramatique, elle a encore opéré un nouveau démembrement de son
son droit de propriété, elle en a détaché une nouvelle parcelle.
La troupe dramatique, à son tour, dispose à son gré de la partie du droit de propriété qui lui a été concédé, elle en cède
une fraction à chaque spectateur Chacun de vous en payant
sa place a acquis une fraction même du droit de propriété ; car
il a diminué d'autant le droit du propriétaire qui, par suite,
est obligé de respecter votre droit, et ne peut plus disposer de
sa chose de la manière la plus absolue.

Quelle est l'étendue du droit qui vous a été concédé ? Il est insignifiant et n'affecte qu'insensiblement et passagèrement le droit de propriété : le spectacle fini, il n'en reste plus de trace, et néanmoins, si petit qu'il soit, il peut être divisé en un nombre infini de parcelles, et peut être concédé à d'innombrables spectateurs. Nous pouvons donc dire qu'il peut être divisé en atomes imperceptibles. Or, dans chacun de ces atomes, vous y trouverez, claire et évidente, la loi dont nous avons parlé.

Le droit du spectateur résulte de la possession ; chacun, pendant la durée du spectacle, est propriétaire de la place qu'il occupe. Il résulte aussi de l'inscription ; il suffit de voir inscrits sur une loge ces mots : loge de la mairie, loge de la sous-préfecture, loge louée, pour s'abstenir d'y pénétrer. Il peut résulter également du numéro d'ordre : à Paris, par exemple, dans les grands théâtres, toutes les places sont numérotées, et on remet alors au spectateur le numéro de la place qu'il doit occuper.

Ce travail que nous avons fait pour le cas que nous avons sous la main, on peut le faire partout ; partout, on retrouvera la possession, puis l'inscription, s'appliquant soit directement à l'objet, soit au numéro qui le représente. On les retrouvera dans toute espèce de droit et le moindre fragment de ces droits. On les retrouvera en ce qui concerne la propriété des objets matériels, et en ce qui concerne les droits immatériels.

Tous les Français sont électeurs . Comment a été organisé ce droit ? Par l'inscription sur les listes électorales.

Dans les assemblées délibérantes, comment a été organisé le droit qu'a chacun de ses membres de prendre la parole ? Par la possession et l'inscription. Celui qui est en possession de la parole est en droit de la conserver, et celui qui viendrait l'interrompre pour la prendre à sa place commettrait une sorte de violence qui serait promptement réprimée. Lorsqu'un orateur veut assurer son droit, il a soin de se faire inscrire ; lorsque plusieurs orateurs sont inscrits, le droit de chacun est subordonné à son numéro d'inscription ; on dit alors premier inscrit, second inscrit, etc. C'est donc encore ici, comme partout, comme toujours, la possession, puis l'inscription, puis le numéro d'ordre.

Par tous ces motifs, je suis autorisé à conclure que la règle que j'ai signalée, que tout le monde applique, que tout le monde comprend, constitue un des éléments essentiels du

droit de propriété et que le législateur qui l'organisera sans en
tenir compte, est aussi certain d'échouer que le mécanicien
qui, dans la construction d'une machine, ne tiendrait pas
compte des lois de la vapeur.

Or, notre législateur ne pouvait pas en tenir compte, il avait
un bandeau sur les yeux, il ne l'a pas vue ; il n'en a pas même
soupçonné l'existence.

On peut parcourir tous nos codes, on peut parcourir les
innombrables volumes que les commentateurs y ont consa-
sacrés, on ne trouvera pas un article, pas un mot qui ait trait
à l'existence de cette loi qui, comme nous l'avons dit, constitue l'essence même du droit de propriété.

Dans ces conditions, l'échec devait être complet.

VII. La tâche du législateur était facile, mais il a voulu trop perfectionner.

Revenons maintenant à notre point de départ : au cadastre.
Comment a-t-il été organisé ?

Chaque parcelle de terre, chaque maison est distinguée des
autres par un numéro d'ordre. En regard du numéro de
chaque article est inscrit le nom de celui qui doit payer
l'impôt, c'est-à-dire le nom du propriétaire ou de celui
qui le représente. Le terrain était donc préparé pour l'application de la règle dont nous avons parlé.

La tâche du législateur était donc facile, il n'avait qu'à suivre
la voie qu'il trouvait toute tracée devant lui et où tout le
monde l'avait déjà précédé. Mais c'était précisément là l'inconvénient ; c'était trop facile, trop simple, trop vulgaire, il l'a
dédaignée.

Pour avoir l'explication de ce dédain, il faut remonter à
l'époque où une démarcation profonde séparait les diverses
classes d'individus. Cette démarcation se repercutait sur les
propriétés.

Vous savez la situation prépondérante que créait autrefois la
propriété territoriale, non point seulement au point de vue de
la richesse, mais au point de vue des droits politiques et
sociaux qu'elle conférait à ses détenteurs.

C'était une propriété privilégiée. Les jurisconsultes pensèrent que cette propriété, qu'on appelait autrefois et qu'on appelle encore aujourd'hui la propriété par excellence, ne devait pas être régie par les règles qui régissaient une vile marchandise; ils pensèrent qu'il fallait trouver pour elle un droit d'une essence supérieure, un droit aristocratique en quelque sorte, et cherchèrent dans des combinaisons savantes la formule perfectionnée qui pouvait lui convenir.

Ils trouvèrent ceci : c'est que soumettre le droit de propriété à une manifestation extérieure, le faire dépendre d'un signe qui permit de le reconnaître de tous, c'était l'entacher d'un matérialisme dégradant. Partant de ce raisonnement, ils décidèrent que la propriété pouvait exister indépendamment de toute manifestation ; par la même raison, ils décidèrent que les hypothèques devaient exister indépendamment de toute publicité.

Telle était l'opinion dominante à l'époque de la confection de nos Codes, elle s'est perpétuée jusqu'à nos jours, elle a inspiré la plupart des nouvelles dispositions.

Je vais essayer de vous démontrer par un exemple ce qu'il y a de bizarre.

Transportons-nous, par la pensée, dans une gare. Vous trouvez affichées sur les murs des recommandations pressantes aux voyageurs d'inscrire sur leurs effets leur nom et leur adresse, et tout le monde se conforme à cette salutaire recommandation.

Que diriez-vous d'une réglementation qui poserait en principe qu'il ne doit être apposé sur les effets aucune marque, aucun signe destiné à en faire connaître le propriétaire ; qui, dans les exceptions que la force des choses oblige à apporter à cette règle, tiendrait compte, d'une part, du plus ou moins d'intérêt que peuvent inspirer les diverses catégories de voyageurs, et, de l'autre, de la nature des marchandises, qui, par exemple, sous prétexte de favoriser les femmes mariées et les mineurs, leur accorderait la dangereuse faveur de ne pas inscrire leur nom sur leurs effets; qui étudierait la nature des marchandises pour savoir dans quelles mesure elles doivent participer à cette prétendue faveur.

Vous penseriez que c'est là une tentative absurde, et les faits vous donneraient raison.

Ainsi, je suppose, il s'agit de sacs de farine. C'est une marchandise précieuse, c'est notre pain, c'est notre vie; elle a droit à une protection spéciale ; il faut donc la faire participer à ce droit d'une nature supérieure, il faut, pendant un certain temps, dispenser le propriétaire d'inscrire son nom.

Puis, voici des sacs de charbon ; c'est aussi une marchandise précieuse, car le charbon est le pain de l'industrie ; il faut donc aussi le favoriser, dispenser le propriétaire pendant un certain temps d'inscrire son nom.

Mais ici se présente une difficulté qui donne lieu aux plus graves et aux plus savantes controverses. On ne peut songer à mettre sur le même rang deux objets de nature toute différente, dont l'un e t noir et l'autre est blanc ; il faut déterminer quelle est la marchandise qui doit être la plus favorisée, et à qui on accordera le plus long délai pour s'inscrire.

Et ainsi de suite pour les diverses marchandises.

On peut juger combien est vaste le champ ouvert à l'érudition et à la controverse ; nous n'y pénétrerons pas davantage ; mais, je crois, et vous serez de mon avis, que si on commence par décider qu'il ne sera apposé sur les effets aucune marque pour en reconnaître le propriétaire, ce sera bientôt un si effroyable gâchis que le facteur le plus intelligent du monde, un facteur de génie, si l'on veut, sera dans l'impossibilité absolue de s'y reconnaître.

Or, ce système étrange, fantastique, impraticable est précisément celui qui nous régit.

Le signe caractéristique, le signe distinctif de la propriété n'existe pas. Lorsqu'un notaire, pour passer un contrat de vente, recherche l'origine de la propriété, il remonte dans le passé à trente ou quarante ans, le plus loin qu'il peut, non point pour saisir une preuve insaisissable, une preuve qui n'existe pas, mais dans l'espérance que s'il existe des droits rivaux, la trace en sera perdue ou qu'ils seront couverts par la prescription. Mais, c'est encore là une ressource trompeuse ; la prescription peut être interrompue, et il existe des droits qui ne prescrivent jamais.

Un notaire de Paris a établi la propriété d'un immeuble vendu, en remontant à plus de soixante-dix ans. Malheureusement, il existait un droit antérieur que rien ne révélait, et qui aurait pu exister pendant des siècles d'une manière occulte. La revendication a eu lieu, le notaire était mort depuis longtemps, mais il a été déclaré responsable et la famille a été obligée de payer des dommages intérêts.

Voici un autre fait qui s'est passé dans notre pays: Un individu s'est rendu adjudicataire d'un immeuble vendu à la barre de notre tribunal. Il s'est mis en possession et a payé les frais. Il s'est trouvé que l'immeuble, exproprié sur la tête du mari, appartenait à la femme. La femme revendiqua son bien, l'acquéreur résista, il fut condamné à délaisser le bien et à payer les frais. Cette erreur, où il n'était pour rien, lui coûta 1,800 francs.

La revendication de la femme eut lieu presque immédiatement, mais elle aurait pu attendre l'expiration du mariage, et trente ans encore après. Dans l'intervalle, le bien aurait pu être l'objet de transactions nombreuses ; la marque qui était empreinte sur cette marchandise frelatée ; la marque même de la justice, devant inspirer toute confiance, il aurait pu être l'objet de ventes, d'emprunts, de constructions considérables ; qu'on juge du désarroi que pourrait produire une pareille revendication exercée au bout de quarante ans.

VIII. Tous ceux qui ont des droits devraient les faire connaître.

On peut donc affirmer que ce sont là des résultat iniques, déplorables. *Tous ceux qui ont des droits sur un immeuble devraient être tenus de les faire connaître.* Ainsi, voilà un propriétaire qui est le premier intéressé à faire connaître son droit, soit par négligence, soit par ignorance, il ne s'en occupe pas, et c'est à l'acquéreur, à un étranger à s'occuper de ce droit, à le protéger, à le deviner : c'est assurément bien étrange, et il faut la force de l'habitude pour ne pas en être révolté.

Et ce n'est point là, il s'en faut, une question de droit transcendant, c'est une question de vulgaire probité, c'est presque une question de simple police. Ainsi, j'ai vu un marchand de porcelaines étaler, sur notre place, ses marchandises en plein vent. Pendant les nuits obscures, notre municipalité l'oblige à placer un falot devant sa marchandise pour prévenir les passants. C'est là une prescription salutaire, non-seulement dans l'intérêt des passants, mais encore dans l'intérêt du marchand lui-même. Il ne viendrait jamais à l'esprit de quelqu'un ayant un grain de bon sens, quel que soit l'intérêt que le marchand puisse lui inspirer, que ce soit une femme, un enfant, de le dispenser de signaler le danger et de rendre responsable le passant qui se sera entaillé les mains et le visage. Non-seulement le malheureux passant n'aura droit à aucune indemnité, mais il sera tenu de payer le dégât.

Je crois pouvoir dire qu'une loi qui a un point de départ aussi inique, aussi absurbe, quelle que puisse être la science et l'habileté de ses rédacteurs, est fatalement condamnée à produire des iniquités et des absurdités, et à créer, comme nous l'avons dit, un véritable gâchis.

IX. Opinion de MM. Dupin aîné et Jordan.

On pourrait croire que ces critiques émanent d'un esprit prévenu, et sont empreintes d'exagération ; il n'en est rien, comme je m'en vais le prouver.

Voici ce qu'a dit un grand jurisconsulte, M. Dupin aîné, en parlant de notre régime hypothécaire : « En achetant, on n'est » jamais sûr d'être propriétaire, en payant, on n'est jamais sûr » d'être libéré, en prêtant, on n'est jamais sûr d'être rem- » boursé. »

Un autre jurisconsulte, dont M. Troplong fait les plus grands éloges, Jordan, présente notre système hypothécaire comme « un chaos d'éléments hétérogènes, de dispositions inexplica- » bles, d'antinomies insolubles, ne produisant que tourment » pour les interprètes et procès pour les justiciables. »

C'est ce que nous avons traduit en termes vulgaires par le mot gâchis.

X. Pourquoi, malgré son absurdité, ce système fonctionne-t-il ?

On peut me faire ici une objection assez naturelle.

On peut me dire, si notre système est tel que vous le présentez, il est absurde et impraticable, et il n'aurait pas duré vingt-quatre heures, tandis qu'il existe, avec beaucoup d'inconvénients peut-être, mais enfin il existe depuis nombre d'années.

La réponse est facile. Ce système, livré à lui-même, n'existerait pas, en effet, vingt-quatre heures, mais il y a un fait qui en atténue et corrige les inconvénients ; ce fait, c'est la possession. Le propriétaire est, en effet, sur son bien, derrière sa haie, au bord de son fossé, surveillant ses bornes, prêt à repousser l'invasion. Mais c'est là le droit primitif dans toute sa barbarie.

D'un autre côté, les droits rivaux qui peuvent le menacer, s'éteignent de jour en jour par la prescription que les uns appellent la patronne du genre humain, les autres la patronne des voleurs.

Ainsi, voilà ce qui soutient notre système hypothécaire, et je défie bien qu'on y trouve autre chose, le droit barbare et la négation du droit. Voilà ce qu'est devenu ce droit épuré, cet idéal d'une essence supérieure qu'on avait en vue. On conviendra qu'après avoir voulu s'élever si haut, il était impossible de tomber plus lourdement et plus bas.

En résumé, on peut reprocher à notre législation d'avoir méconnu les lois naturelles qui régissent le droit de propriété, et d'avoir consacré une injustice révoltante en rendant responsable celui qui n'a pas les moyens d'agir.

Tout notre système repose donc sur une injustice, sur une erreur. Cette erreur, comme un poison subtil, a profondément pénétré dans tout l'organisme de nos Codes et l'a entaché dans ses moindres parties. Voici, du reste, un moyen de s'en assurer.

XI. Appareil de Marsh.

Il y a plus de 40 ans qu'une cause célèbre passionna toute la France. C'était le procès de Mᵐᵉ Lafarge, accusée d'avoir empoisonné son mari. Les premiers chimistes trouvèrent des traces de poison. Les seconds chimistes n'en trouvèrent pas. Néanmoins, les charges étaient si graves, que l'accusation demanda une autre expertise.

On fit appel à un prince de la science, à un chimiste célèbre, à M. Orfila. Il se réunit aux précédents opérateurs, et, tous ensemble, procédèrent à une nouvelle analyse qui, cette fois, donna du poison. On se servit, pour cela, d'un appareil appelé l'appareil de Marsh ; il est d'une telle sensibilité qu'il révèle la présence de la plus petite quantité de poison. La défense se prévalut précisément de la perfection et de la puissance de cet appareil; M. Raspail, un autre prince de la science, prétendit qu'avec cet appareil il se faisait fort d'en trouver partout, voire même dans le fauteuil du président des assises.

La méthode que j'ai proposée met à notre disposition un appareil qui, semblable à l'appareil de Marsh, nous fera découvrir la moindre trace de poison, et dans chaque disposition de loi, nous fera reconnaître la partie saine et la partie viciée.

Si vous voulez vous rendre compte d'une disposition de loi relative aux immeubles, vous n'avez qu'à en faire l'application à un objet mobilier, et l'erreur ou la vérité apparaîtra avec une singulière évidence. Si elle renferme une erreur, cette erreur se révèlera avec le caractère d'absurdité que nous avons signalé ci-dessus; si, au contraire, cette application paraît toute naturelle, on peut être certain qu'elle est l'expression de la vérité.

C'est avec cette méthode que j'ai pu signaler, avant sa mise en application, les défauts de la loi sur la transcription, auxquels on s'occupe, en ce moment même, de porter remède; c'est ainsi que j'ai pu signaler les erreurs de la loi qui régit la propriété foncière en Algérie, erreurs qu'on s'occupe également de réparer; mais je puis dire avec certitude, qu'on n'y parviendra pas tant qu'on persistera dans les mêmes errements.

Cette méthode est d'autant plus justifiée que la différence entre les meubles et les immeubles est souvent insaisissable ou même n'existe pas. Ainsi, un fruit est sur un arbre, il tient à l'arbre et tient au sol, il est immeuble; un coup de vent le détache et le fait tomber à terre, il devient meuble. Il est bien difficile de comprendre comment mon droit de propriété peut en éprouver un changement quelconque.

XII. Nécessité de recourir à des expérimentations. — Impuissance de la controverse.

Du reste, je dois le dire, personne ne m'a contesté que je n'eusse raison en théorie, mais on m'a dit que le système que je proposais était impraticable. A cela j'ai répondu qu'il y avait un moyen bien simple de s'en assurer, c'était de se livrer à des expériences sur le terrain et j'ai indiqué, pour y procéder, un moyen à l'aide duquel on pourrait expérimenter, non-seulement mon système, mais encore tous les systèmes connus, de manière à utiliser tout ce que chacun d'eux pouvait renfermer d'utile et de vrai.

Je ne voyais pas quelle objection pouvait être faite à une pareille proposition, mais ceux qui s'occupent de droit sont, avant tout, amoureux de discussion et de controverse; je n'ai pu la faire adopter et j'en ai été réduit à faire moi-même l'expérience.

Ces expériences ont été décisives, toutes les difficultés ont été résolues, mais je n'ai pas été plus avancé. Dans les réunions que j'ai provoquées pour exposer les résultats que j'avais ainsi obtenus, je me suis heurté, dès l'abord, à une aveugle et invincible prévention.

Il en est résulté pour moi une situation pénible, douloureuse que je vais essayer de faire comprendre.

Je suppose qu'il existe un pays où il n'ait jamais été question de chemin de fer. Ce pays n'existe pas; n'importe ! rien ne nous empêche de nous y transporter par la pensée. Je suppose que dans ce pays quelqu'un ait l'idée d'exposer le mécanisme d'un chemin de fer; il réunira, pour cela, les hommes le plus compétents, des ingénieurs, des conducteurs des ponts et chaussées, des maîtres de poste, des conducteurs de diligences.

Mais si on ne se résout pas à l'écouter patiemment jusqu'à la fin; si on l'arrête à chaque difficulté qui se présente, il n'arrivera jamais au terme de sa démonstration. Quoi! dira l'un, aujourd'hui que les routes sont si larges, il n'arrive que trop souvent aux voitures de verser dans les fossés et vous voudriez les faire circuler sur une étroite lame de fer, jamais elles ne s'y maintiendront. C'est une folie et tout le monde sera de cet avis. Quoi! dira l'autre, vous ajoutez aux bandes des roues une saillie, mais jamais on n'en a vu de pareilles, elles ne seront pas d'aplomb et manqueront de stabilité, c'est une folie! et tout le monde sera de cet avis. Quoi! dira un troisième, vous voulez que la surface unie des roues prenne appui sur la surface unie de la voie, mais il y a là une impossibilité absolue, elles glisseront et n'avanceront pas; c'est donc une folie; et tout le monde, y compris l'académie des sciences du lieu, sera de cet avis.

Que pourra faire cet infortuné démonstrateur, au milieu de ces objections qui se croisent de toutes parts, dont l'une n'attend pas l'autre; il ne pourra dire qu'une chose : vous vous trompez; faites l'expérience, et elle vous démontrera mieux que je ne saurais le faire que vous êtes dans l'erreur.

Or, voilà très exactement la position qui m'a été faite jusqu'ici; je n'ai eu à répondre qu'à des objections qui, prises isolément, je dois bien le reconnaître, paraissaient être bien fondées, mais qui, en réalité, étaient de véritables divagations.

Aussi, dans l'impossibilité bien évidente d'avoir raison de toutes les objections, je me suis trouvé dans la nécessité de répondre : expérimentez et vous verrez que vos objections tomberont d'elles-mêmes.

Malheureusement, ma voix n'avait pas assez d'autorité. Malgré l'accueil favorable fait à une pétition que j'avais adressée dans ce sens à l'Assemblée nationale, je n'ai pu faire prévaloir l'idée de procéder à des expériences, ni même obtenir un sérieux examen du résultat des expériences que j'avais faites.

XIII.   La lumière ne jaillit pas du choc des idées.

Cela tient, comme je l'ai dit, à ce que ceux qui s'occupent de ces questions, les avocats, les magistrats, les jurisconsultes sont avant tout des hommes de discussion et de controverse : ils croient à leur efficacité. On dit, en effet, et on répète avec complaisance que du choc des idées jaillit la lumière.

Cela est rigoureusement vrai. Mais la lumière qui jaillit de ce choc n'a aucune puissance éclairante, elle brille et s'éteint comme un éclair, elle attire mais fatigue le regard, elle ne dissipe un instant l'obscurité que pour la rendre ensuite plus profonde. Tandis que la lumière qui résulte de l'expérience est une lumière pure, calme, soutenue, qui repose le regard et l'esprit et dissipe complètement les ténèbres.

Supposons deux éloquents orateurs discutant le pour et le contre d'une question. Le premier vous éblouira, vous entraînera et vous serez portés à lui donner complètement raison. Le second prendra la parole à son tour, et, à son tour, vous éblouira, vous entraînera et, comme Henri IV en pareille occurrence, vous serez tenté de dire, il a aussi raison. En définitive, pour employer une expression vulgaire qui traduit exactement cette situation, vous n'y aurez vu que du feu; vous serez éblouis, aveuglés, vous ne serez pas éclairés.

Allons plus loin, admettons que l'un des orateurs par la supériorité de son talent, par la puissance des raisons qu'il vous donnera, vous ait entièrement convaincu. Qu'importe que vous lui donniez raison, si les faits ensuite lui donnent tort; qu'importe que vous donniez tort à son adversaire si les faits lui donnent raison. C'est donc l'expérience, l'expérience seule qui décidera.

Nous parlions, il y a un instant, de chemin de fer; savez-vous comment fut créée la première locomotive? Lorsqu'on fut en possession du merveilleux instrument qui était destiné à changer la face du monde, que les bateaux à vapeur sillonnaient les mers, tout le monde entrevit qu'on pourrait l'utiliser aussi pour les voies terrestres. Pendant dix ans, tous les ingénieurs se mirent à l'œuvre, on imagina des roues dentées, des engrenages, des échasses, des griffes, des béquilles, sans pouvoir obtenir des résultats satisfaisants; mais un jour, un des expérimentateurs, en faisant des essais, eut la bonne chance d'oublier d'adapter l'appareil qui devait donner l'impulsion, la locomotive s'élança toute seule. L'expérimentateur crut rêver; il recommença plusieurs fois l'expérience, en se frottant les yeux; elle donna toujours les mêmes résultats. Il s'empressa de publier sa découverte, mais tout le monde, l'Académie des sciences en tête, lui donna tort; heureusement que la locomotive tint bon, de son côté, et finit, comme vous le savez, par avoir complètement raison.

Voilà, je l'espère, des preuves surabondantes pour démontrer ce qui, du reste, est plus clair que la lumière du jour, que l'expérimentation vaut mieux que la discussion.

Pour vous faire apprécier toutes les difficultés que j'ai rencontrées, je ne crois pouvoir mieux faire que de vous rapporter une conversation que j'ai eue avec un voyageur avec qui j'ai fait route depuis Périgueux jusqu'à Paris.

XIV. Impressions de voyage.

C'est certainement un des hommes les plus extraordinaires que j'ai jamais rencontrés. Il appartenait à cette classe d'individus comme on en rencontre assez souvent, qui émettent leur opinion sur tout, qui sont allés partout, qui connaissent tout le monde. On aurait été assez porté à le considérer comme un hâbleur. Mais il émettait sur toutes les questions des idées si élevées, il entrait dans des détails techniques si minutieux et si précis, qu'on ne savait trop qu'en penser. Sa discussion était brillante et variée, mais entremêlée des plus étranges paradoxes qu'il soutenait avec un sérieux imperturbable.

Il prit place à Périgueux dans le wagon où je me trouvais. Il y avait ce jour-là grande affluence, notre wagon fut bientôt au complet. Il prit tout de suite le dé de la conversation et mit tout le monde en bonne humeur par sa verve et son entrain. Il semblait donner de l'esprit à tous ses interlocuteurs, chacun se faisait fête de lui donner la réplique. Ce fut un véritable feu d'artifice brillant et continu.

Mais, à mesure que nous nous éloignions de Périgueux, nous quittions des voyageurs ; on voyait bien qu'ils ne se séparaient qu'à regret d'un aussi aimable compagnon de route. A la quatrième station, je me trouvais seul avec lui.

Blotti dans mon coin, j'étais absorbé par mes réflexions, je songeais aux moyens de faire aboutir mon voyage. Je n'avais pris aucune part à la conversation, et j'étais fort peu disposé à la causerie. Cela ne faisait pas son affaire : il essaya plusieurs fois vainement d'engager la conversation ; enfin, pour ne pas le contrarier et pour ne pas me détourner de mes pensées, je crus devoir lui faire part de l'objet de mon voyage, qui était d'obtenir l'examen d'un système qui permettrait de consolider la propriété foncière et de renouveler le cadastre sans frais.

Le Cadastre ! s'écria-t-il, mais c'est une question dont je me suis tout spécialement occupé. Dans mes nombreux voyages, je l'ai étudié partout avec soin, et j'ai acquis la triste conviction que nulle part il n'avait coûté autant qu'en France, et que nulle part ii n'y était aussi mal organisé. Voyons, quel est votre système, peut-être pourrai-je vous fournir d'autres indications.

Je m'empressai de lui exposer mon système. Cela me fut facile ; j'étais porteur des plans et des pièces justificatives. Il m'écouta avec une profonde attention, sans m'interrompre une seule fois ; je pus tout lui bien expliquer à mon aise, puis soutenu, encouragé par son regard bienveillant, je m'abandonnai, je lui expliquai, avec une chaleur qui me surprit moi-même beaucoup, toutes les misères qu'entraînait avec elle une législature défectueuse, les nombreuses démarches que nécessitait l'emprunt de la plus petite somme, le désespoir de l'emprunteur, lorsque ses démarches et ses frais n'aboutissaient qu'à un refus.

Une fois mon exposition terminée, il me posa quelques questions très précises auxquelles il me fut aisé de répondre, réfléchit assez longtemps, puis me montrant un visage épanoui, me déclara que je l'avais complètement convaincu.

Oui, me dit-il, vous avez raison, mille fois raison. Il est incompréhensible qu'on se soit ainsi jeté, comme à plaisir, dans d'inextricables difficultés. Il reprit toutes mes raisons, les reproduisit une à une en leur donnant un relief saisissant, y ajoutant même de son cru des considérations qui m'avaient échappé. J'étais dans le ravissement, jamais je ne m'étais trouvé à pareille fête. Je savourais toutes ses paroles.

Tout à coup un changement subit s'opéra dans sa physionomie, ses traits se contractèrent, et il me dit en me regardant durement : malgré tout, je suis bien obligé de vous le dire, vous ne réussirez pas, vous ne pouvez pas réussir.

Je restais stupéfait.

Eh ! pourquoi ne réussirais-je pas ? répondis-je ; si je suis dans la vérité comme j'en suis convaincu, comme vous le dites vous-même, je dois réussir. La vérité doit nécessairement prévaloir sur l'erreur.

Vous ne réussirez pas parce qu'il y a en France un homme qui ne veut pas de cette réforme, et vous auriez beau avoir pour vous roi, empereur, président de république, ministre, chambre des députés, Sénat, tant que cet homme ne voudra pas, et il ne le voudra jamais, la réforme ne se fera pas.

Et quel est cet homme ?

C'est le Directeur général du Cadastre.

Et pourquoi cet homme ne voudra-t-il pas ?

Parce que ça l'ennuie ; il n'y a pas d'autre raison et c'est bien assez. Vous allez, du reste, le comprendre. Il y a deux catégories de fonctionnaires, les travailleurs, les bûcheurs, absorbés dans leur besogne, minutieuse à l'excès ; ils sont généralement grincheux. Les autres font leur besogne en amateur, ils font strictement tout ce qui est nécessaire, mais ce sont des hommes de salon, des hommes du monde, ordinairement très aimables. C'est naturellement parmi eux que se recrute le haut personnel de l'administration, et il n'y a rien à dire. Il faut bien que l'administration chargée de la tache ingrate du recouvrement de l'impôt, se présente aux yeux des contribuables sous ses aspects les plus attrayants possibles.

Puis, pour être à la tête d'une pareille administration, il faut autre chose qu'un simple spécialiste ; il faut un fonctionnaire hors ligne, habitué à manier et à connaître les hommes, à les juger, à les classer.

Comment pouvez-vous espérer qu'un homme, dans une pareille position, qui a plus de solidité et plus de puissance réelle que celle d'un ministre, veuille changer quoi que ce soit à ce qui existe. Vous vous adresserez à lui en lui disant, d'un air effaré, que la situation actuelle est intolérable, désastreuse, et ne peut durer davantage. Comment, vous dira-t-il avec une surprise qui n'aura rien d'affecté, vous trouvez la situation actuelle intolérable ; je ne suis pas de votre avis ; je trouve que tout marche admirablement !

Et alors même que, par impossible, vous trouveriez un Directeur général favorablement disposé, il ne pourra se faire suivre par son personnel, par ce qu'on nomme habituellement les bureaux, et ce sont les bureaux qui règnent et gouvernent. Aussi se trompe-t-on étrangement lorsqu'on croit que la France a été successivement une royauté, un empire, une république, tout cela n'est qu'à la surface ; la France n'a jamais été et ne sera jamais qu'une bureaucratie. C'est même ce qui explique les nombreuses révolutions qui ont successivement bouleversé notre pays, et auxquelles nous sommes fatalement condamnés.

Le gouvernement ne demanderait certes pas mieux que de donner aux populations toutes les satisfactions possibles, mais il y a un pouvoir occulte qui s'y oppose. Le gouvernement se trouve donc forcé à résister, on s'en prend à lui et on le renverse. On croit avoir remporté une grande victoire, on obtient quelques promesses, quelques bonnes proclamations, mais le pouvoir occulte n'a pas désarmé, n'a pas fait une concession, et les choses reprennent tranquillement leur cours jusqu'à une nouvelle révolution où les mêmes faits se reproduisent avec une exactitude mathématique. En définitive, toutes nos révolutions tournent au profit de ce pouvoir occulte et irresponsable, qui rend, sans contredit, d'incalculables services, mais qui devrait rester dans ses attributions.

C'est chose curieuse, comment ce pouvoir a pu succéder, à l'insu de tous, au gouvernement absolu qui régissait la France avant 89.

Connaissez-vous la géologie et la paléontologie?

Nullement; j'en ai quelques notions vagues, superficielles, comme tout le monde.

La géologie est surtout l'étude des bouleversements qui ont tourmenté notre globe; la paléontologie est l'étude des animaux disparus à la suite de ces bouleversements.

Ces études ont donné des résultats merveilleux. En étudiant quelques empreintes retrouvées dans les terrains primitifs, en les rapprochant des mœurs et des habitudes des animaux similaires de notre époque, on est parvenu à décrire, avec une grande exactitude, les animaux antédiluviens.

Nous n'avons qu'à appliquer la même méthode pour étudier les bouleversements politiques dont notre pays a été le théâtre. En examinant les faits qui se passent de nos jours à chaque révolution, nous pouvons aisément expliquer comment ce nouveau pouvoir s'est substitué subrepticement à l'ancien pouvoir absolu.

Ce pouvoir s'exerçait par l'intermédiaire de l'administration qui était absolue, comme le pouvoir qu'elle représentait. Lorsqu'un nouveau gouvernement s'est substitué à l'ancien, il a trouvé une organisation toute prête, fortement constituée, fonctionnant parfaitement; il n'a trouvé rien de mieux que de s'en servir; et il est même à remarquer que tout gouvernement nouveau n'est pas fâché d'avoir à sa disposition un instrument de domination; par suite, cette domination s'est conservée d'elle-même; plus le pouvoir a été fort, despotique, plus la puissance des bureaux s'est accrue.

C'est, du reste, ce que nous voyons encore de nos jours. On renverse les chefs, c'est-à-dire ceux qui se sont signalés par le côté politique et qui, en réalité, n'ont aucun pouvoir; quant au personnel des bureaux, c'est-à-dire ceux qui ont la puissance effective, il n'en est jamais question.

Voilà donc où est le véritable pouvoir, les bureaux, c'est à lui que vous devez vous adresser ; je n'ai pas besoin de vous dire que c'est parfaitement inutile.

Je ne savais que répondre à ce singulier raisonnement.

Mais, lui dis-je, la question du cadastre n'est point uniquement du ressort de l'administration des contributions directes ; elle se rattache à la preuve de la propriété, c'est une question de droit qui intéresse particulièrement les jurisconsultes.

Les jurisconsultes ! mais vous trouverez chez eux encore plus d'hostilité que dans les bureaux. Dans les bureaux, la résistance est, en quelque sorte, machinale, passive. Mais chez les jurisconsultes, elle sera intentionnelle, active, passionnée. et, partant de là, mon interlocuteur se mit à faire des jurisconsultes le tableau le plus outré et le plus injuste, prétendant que l'étude du droit écrit avait perverti leur jugement, que pour eux, il n'y avait pas de morale, il n'y avait que du texte ; que c'était à leur pernicieuse influence que nous devions toutes nos divisions ; que l'habitude de discuter le pour et le contre les rendaient de mauvaise foi, etc.

Ces injustes accusations dont je pouvais bien prendre une bonne part me révoltèrent. Comment admettre, par exemple, qu'un commentateur qui consacre sa vie à l'étude d'une question ne recherche pas avant tout la vérité ; je le priai d'en rester là, qu'il m'était impossible de supporter une pareille conversation. Ce fut inutile, il continua de plus belle, je lui répliquai sur le même ton, et la discussion avait pris une tournure fort désagréable, lorsqu'elle fut subitement interrompue par un incident de voyage.

Nous étions arrivés à la troisième ou quatrième station après Limoges ; trois voyageurs entrèrent dans notre compartiment. L'un d'eux était profondément ému ; il nous raconta que, se rendant à la gare pour prendre le chemin de fer, il avait été suivi par une bande de loups qui marchaient parallèlement à lui de l'autre côté de la haie qui bordait le chemin ; il n'avait pas pu les distinguer à cause de l'obscurité, mais il avait vu leurs yeux briller comme des charbons dans les ténèbres ; il s'était cru perdu, n'osant courir de peur de provoquer une poursuite, jusqu'au moment où il avait aperçu la lumière de la station, alors il s'était précipité. Les deux voyageurs qui étaient montés avec lui nous dirent qu'en effet une bande de loups s'était abattue dans le pays et nous donnèrent des détails sur les dégâts qu'ils avaient commis.

Le premier voyageur parut prendre un vif intérêt aux récits des nouveaux venus; il leur posa quelques questions, puis garda le silence et parut absorbé dans ses réflexions. Tout d'un coup, il se retourna de mon côté avec une attitude si agressive, qu'instinctivement je me mis sur mes gardes. Que va-il me dire encore, pensai-je. Il resta quelque temps sans parler, puis subitement il donna à sa physionomie si mobile, une expression d'extrême douceur qu'à l'occasion, il savait si bien lui donner.

Aimez-vous la chasse au loup? me dit-il.

Je fus enchanté de voir prendre cette tournure à la conversation et je m'empressai de répondre: Pas le moins du monde, et je ne comprends pas le plaisir qu'on peut y trouver.

Vous avez tort, me dit-il gravement. Elle ne vaut pas la chasse au tigre à laquelle j'ai pris part si souvent pendant que j'ai habité les grandes Indes, mais c'est néanmoins un exercice très salutaire. L'homme y fortifie son corps par la fatigue, et son caractère en s'habituant à regarder en face le danger. Aussi les Anglais qui sont un peuple essentiellement pratique ont-ils profondément regretté d'avoir détruit les loups dans leur île; ils ont cherché à les y introduire de nouveau, mais ils n'ont pas réussi; ils en sont réduits à la chasse au renard, qui n'est pas une chasse sérieuse.

En France, pour cette fois, nous avons été plus clair-voyants, nous avons une belle institution, la louveterie, dont la mission officielle est la destruction des loups, mais dont la mission réelle, tout en empêchant leur trop grande multiplication, est de veiller à leur conservation. Les lieutenants de louveterie tuent bien de temps à autre quelques louvards, quelque vieux loup édenté, mais s'ils rencontrent une louve pleine, ils la respectent comme une future mère de famille.

Auriez-vous l'idée de proposer à ces lieutenants de louveterie qui sont si bien organisés, qui ont des meutes célèbres, de vaillants piqueurs, des garde-chasses qui connaissent les mœurs des animaux beaucoup mieux qu'un professeur d'histoire naturelle, auriez-vous l'idée de leur soumettre une méthode pour arriver à la destruction immédiate et complète des loups, comme, par exemple, une méthode pour les empoisonner tous, vous imaginez-vous avec quel dédain ils recevraient cette proposition.

C'est, en effet, bien possible, dis-je fort étourdiment.

Eh bien ! ce que vous n'oseriez même pas leur proposer, vous espérez le faire accepter par des jurisconsultes.

Je demeurai stupéfait. Mais, lui dis-je, quel rapport peut-il y avoir entre ma proposition et celle dont vous parlez ?

Je vais vous l'expliquer. Il y a dans notre code 70 ou 80 articles que je considère comme des loups.

Des loups ! m'écriai-je.

Oui, des loups, de véritables loups, dit-il avec emportement; des loups qui mangent des moutons ou des justiciables, c'est la même chose. Parmi ces articles, il en est un sur le sens duquel on a discuté pendant longtemps pour savoir s'il voulait dire blanc ou noir. La lutte a duré près de vingt ans; pendant ce temps, force moutons ont été dévorés. A la fin, tout le monde s'est mis d'accord pour décider qu'il voulait dire blanc. Les cours, les tribunaux, les jurisconsultes, il y a eu unanimité. C'était donc chose acquise : tout le monde s'est voué au blanc. Mais ne voilà-t-il pas qu'au bout de quelque temps un chercheur a fini par dénicher une expression dans un autre article de loi qui ne s'accordait pas avec cette interprétation. Aussitôt la lutte recommence de plus belle, et on finit par décider que l'article voulait dire noir. Voilà la situation de tous les moutons qui se sont voués au blanc compromise, en attendant qu'un nouveau mouvement de la jurisprudence amène une autre interprétation.

Eh bien ! rien n'eût été plus facile que de couper court à cette lutte ; il n'y avait qu'à faire cesser l'équivoque, qu'à déterminer le sens qu'il fallait donner à l'article. On s'en est bien gardé. Que seraient devenus les plaidoyers éloquents, les consultations savantes, les profonds commentaires où nos auteurs déploient tant d'érudition ; nos tribunaux auraient perdu une grande partie de leur importance ; c'eût été un véritable bouleversement. Or, voilà ce que vous proposez, non point pour un seul article, mais pour toute la loi. Jamais vous ne réussirez, ce sera bien pire que pour les bureaux; que pouvez-vous faire seul contre tant d'intérêts opposés?

Je lui fis observer que je n'étais pas seul, que bien des travailleurs s'étaient voués à l'étude de cette question et avaient produit des systèmes pour la résoudre ; que je pouvais compter sur leur concours, comme ils pouvaient compter sur le mien.

Il haussa les épaules. Tous les faiseurs de système ne s'entendront jamais. Chacun voudra faire prévaloir le sien ; ce sera la plus implacable des luttes, la lutte pour la vie. Vous trouverez là vos ennemis les plus acharnés et, ne vous y trompez pas, vos ennemis les plus redoutables, car, mieux que personne, ils connaissent le côté fort et le côté faible de la question ; ils sauront faire ressortir le côté faible, en faire des montagnes, et vous en accabler.

Mais enfin, lui dis-je, les justiciables finiront bien par connaître la situation et par réclamer.

Ah ! fit-il dédaigneusement, les moutons de Panurge ! Vous les aurez tous contre vous. On convoquerait dans leurs comices tous les moutons de France et de Navarre, qu'ils voteraient tous pour le maintien de la louveterie, ils se croiraient perdus si elle était supprimée. Ils sont habitués de père en fils à être mangés et vous voulez changer leurs habitudes ; ils ne vous le pardonneront pas. Il vous suffira d'ailleurs de parler du Cadastre pour qu'ils ne veuillent rien entendre : il y a trop de gens qui profitent de sa mauvaise organisation.

On peut se faire aisément une idée des souffrances que me fit éprouver cette conversation. Je rencontre, par un hasard inespéré, un homme qui connaît à fond la question du Cadastre, un homme qui veut bien m'écouter avec attention, qui comprend mon système, qui s'en éprend, et qui, néanmoins, finit par se retourner contre moi. Que pouvais-je espérer désormais de ceux auxquels j'allais m'adresser et chez lesquels j'étais à peu près sûr de rencontrer incompétence et hostilité ?

C'était d'un bien mauvais augure.

J'essayai de dormir pendant le reste du voyage, mais j'avais le sommeil agité ; je rêvais que je me trouvais, moi, pauvre mouton, au milieu des loups et des tigres.

Nous arrivâmes à Paris au point du jour. La fraîcheur du matin dissipa, comme par enchantement, ces mauvais rêves ; je fus le premier à en rire, et je me mis courageusement à faire mes démarches.

XV. Insuccès de mes tentatives.

Mais ce que mon voyageur m'avait prédit se réalisa avec une exactitude désespérante.

Il se réalisa pour l'administration du Cadastre; je n'entrerai dans aucun détail, ce serait trop long, puis les expressions parlementaires pour apprécier ses procédés, me feraient défaut.

Il se réalisa à l'égard de ceux qui, comme moi, s'étaient voués à l'étude de cette question. M. Feray d'Essones, aujourd'hui sénateur, prit l'initiative de cette réforme, nous engagea à nous réunir et à nous entendre pour ne présenter qu'un système, faute de quoi nous échouerions; le conseil était fort sage, mais ce fut peine perdue. A la première réunion, chacun voulut non seulement imposer son système, mais même le mode de discussion. Ma proposition de recourir à des expérimentations qui mettraient tous les systèmes en présence et permettraient de juger d'après les résultats, n'obtint pas une seule adhésion. A la seconde réunion, nous faillimes nous entre dévorer.

C'est à cette époque que je provoquai, dans ce pays, des réunions pour obtenir quelque adhésion et pouvoir produire autre chose que mon appréciation nécessairement suspecte. Je ne pus rien obtenir.

Il se réalisa pour ce qui concerne ceux que mon voyageur avait qualifié si irrévérencieusement de moutons de panurge. Un membre du Comice agricole de Villeneuve, le docteur Ducondut, à qui je dois tous mes remerciements, voulut bien provoquer l'envoi d'une Commission à Agen, à l'époque du concours régional, pour s'entendre avec les autres Comices et faire les démarches nécessaires. Je me rendis, avec les autres membres de la Commission, au Comice d'Agen, dont les membres nous accueillirent avec beaucoup de courtoisie. J'essayai de faire comprendre la nécessité de cette réforme au point de vue de la sécurité de la propriété, et quelques-uns d'entre eux me donnèrent de chaleureuses approbations; mais l'un d'eux, parlant au nom de la majorité, me dit : « Il est possible que vous ayez raison, mais comme il faudrait toucher au Cadastre, il pourrait en résulter un accroissement d'impôts. » Je m'empressai de rassurer l'honorable membre en lui communiquant un travail de M. Ducondut, duquel il résultait que le dépar-

tement de Lot-et-Garonne était classé parmi les plus imposés,
et que, par conséquent, il n'avait pas à craindre une révision.
« C'est possible, me répondit-il, mais on ne sait pas ce qui peut
arriver, et, dans le doute, le plus sage est de s'abstenir. »

Ces paroles parurent obtenir l'assentiment de ses collègues.

Il se réalisa également pour les jurisconsultes, et je dois le
dire, c'est là que la déception a été la plus pénible.

Sauf quelques approbations, bien précieuses du reste, il m'a
été impossible d'obtenir le moindre appui, soit de la part des
jurisconsultes, soit de la part des magistrats, soit de la part
de mes collègues. J'en ai vu, parmi ces derniers, quelques-uns
me faire part de situations véritablement inextricables, mais
je n'ai pu en obtenir l'aveu qu'il faudrait s'assurer par des
expériences, si on ne pouvait pas trouver quelque chose de
mieux.

Je pris, un jour, à partie, un de mes anciens condisciples,
président d'un tribunal, qui me racontait un cas pareil à celui
que j'ai déjà exposé : il avait été obligé de déposséder un
adjudicataire, qui avait acheté à la barre de son tribunal, et
dont il avait prononcé lui-même l'envoi en possession.

Quoi ! lui dis-je, voilà un homme qui se présente avec confiance dans le sanctuaire même de la justice, devant le tribunal qui est chargé de réprimer la fraude, et la fraude se fait
par l'entremise et les mains du tribunal. Sans doute vous êtes
obligé d'appliquer la loi, mais n'êtes-vous pas révolté d'être
l'instrument d'une pareille iniquité, ne devez-vous pas être les
premiers à en demander la modification ? Je continuai assez
longtemps sur ce ton sans réussir à émouvoir l'honorable
président.

On voit donc que, comme me l'avait prédit le voyageur,
mon échec a été complet.

XVI. Difficulté d y renoncer.

Que faire donc ?

Abandonner cette question comme j'en ai pris vingt fois
la résolution ? Mais c'est une résolution plus facile à prendre
qu'à tenir. Est-il, en effet, possible lorsqu'on voit chaque jour
des gens qui se noient, qu'on a sous la main un instrument
de sauvetage, mais que seul on est impuissant à manier,

est-il possible de ne pas crier de toutes ses forces, à l'aide, au secours? Mais on ne peut pas toujours crier, les forces s'épuisent, la voix s'éteint.

Que faire donc?

XVII. Le souverain d'autrefois et le souverain d'aujourd'hui.

A l'époque déjà éloignée où le Roi était investi du pouvoir absolu; lorsqu'il se commettait quelque grande injustice, on disait : Ah! si le Roi le savait! Et il faut bien que cette parole ait été prononcée bien souvent, puisque le retentissement en est arrivé jusqu'à nous.

Il y avait, dans cette exclamation, trois sentiments bien distincts : sentiment de confiance dans l'esprit de justice du Roi; sentiment de son pouvoir pour faire cesser l'injustice et, enfin, sentiment de la difficulté de faire parvenir la vérité à son oreille.

Les rois absolus s'en vont. En France, le pouvoir est descendu du trône dans la masse de la nation, qui gouverne par des délégués; c'est le peuple qui a le pouvoir, et je me suis surpris à dire bien souvent de ce nouveau souverain : Ah! si le peuple le savait!

Et il y avait, dans cette exclamation, les trois sentiments dont je vous parlais tout-à-l'heure : sentiment de confiance dans l'esprit de justice du peuple, la voix du peuple, dit-on, est la voix de Dieu; sentiment de son pouvoir pour faire cesser l'injustice, et, aussi, il faut bien le dire, sentiment de la difficulté de faire parvenir la vérité à son oreille.

Comme les autres souverains, en effet, le peuple a ses caprices, il a ses courtisans, ses flatteurs, ses favoris, et il ne voit que par leurs yeux.

Paris est aujourd'hui le grand favori, lui seul est écouté. Paris qui nous approvisionne aujourd'hui de tant de choses, nous fabrique aussi nos opinions et nous les envoie toutes confectionnées. Aussi nous arrive-t-il de nous passionner pour des questions qui, au fond, nous intéressent fort peu, et de rester indifférents pour des questions qui nous touchent le plus près.

Je pourrais citer de nombreux exemples, je n'en citerai qu'un.

Paris demande la révision de la Constitution. Certes, notre Constitution n'est pas parfaite. Mais y a-t-il tant d'urgence à la réviser? Depuis près d'un siècle nous ne faisons guère autre chose que faire et défaire des constitutions ; quel inconvénient peut-il y avoir à respirer un peu. La constitution de la propriété, elle non plus, n'est pas parfaite, il s'en faut de beaucoup ; depuis bien des années, elle attend sa révision, pourquoi ne s'en occuperait-on pas tout d'abord ? Ses imperfections coûtent cher ; elles consomment peu à peu la ruine du pays. N'y a-t-il pas urgence, n'est-il pas de l'intérêt de tous de la rendre aussi parfaite que possible ? Et cependant ceux qui se vouent à la solution du problème ne trouvent nulle part le moindre appui. S'il s'agissait d'une question intéressant Paris, tout le pays serait agité.

Par suite de cette indifférence déplorable, la propriété foncière, la petite propriété surtout, se trouve tout à fait en dehors de ce mouvement général d'améliorations qui se développe de toutes parts, et dont tout le monde profite, excepté elle.

Ainsi, pendant que, partout, on abaisse les tarifs et les barrières, qu'on cherche, par toutes sortes de moyens, à faciliter les échanges, à activer la circulation ; qu'on crée des chemins de fer, qu'on creuse des canaux, qu'on partage les continents en deux pour laisser passer les navires ; cet être deshérité qu'on appelle le petit propriétaire ne participe à aucune amélioration ; toutes les difficultés, toutes les entraves sont soigneusement maintenues, si même elles ne sont pas aggravées.

Partout, et à tous les points de vue, on répand à flot la lumière : la lumière électrique nous prépare des merveilles ; on a construit près de Marseille un phare qui éclaire la marche des navires à cinquante kilomètres de distance ; et rien, absolument rien, ne sera fait pour éclairer la voie ténébreuse où le petit propriétaire est condamné à se mouvoir ; il n'aura pour se conduire, au milieu des fondrières et des précipices, que des guides qui ont un bandeau sur les yeux et qui marchent à tâtons !

Un évadé de Nouméa, se trouvant sans ressources en Australie, demanda, à Paris, des secours par un télégramme ; un autre télégramme lui apporta une somme de mille francs.

Voilà donc une somme de mille francs qui, en quelques
heures, a fait le tour du monde ! Et pour aller des mains du
prêteur dans celles de l'emprunteur, c'est-à-dire pour franchir
une distance insignifiante, il faudra quinze ou vingt jours ; si
on s'adresse au Crédit foncier, il faudra six mois, et bien
souvent encore des obstacles l'arrêteront en route !

Et lorsque quelqu'un proposera un moyen de faire cesser
cette infériorité écrasante pour l'agriculture, il aura le mal au
cœur de s'entendre dire : Oui, il est possible que vous ayez
raison ; mais comme nous ne payons peut-être pas ce que
nous devons payer, nous préférons conserver la situation
actuelle.

XXIII.

Tous les citoyens ont aujourd'hui une part de la souveraineté : or, ces paroles ne sont pas dignes du souverain. Vous
ne les prononcerez pas, vous ne pouvez pas les prononcer. On
déplorait autrefois que la vérité ne put parvenir jusqu'au roi,
mais la croyance populaire n'admettait pas que, la vérité étant
connue, il put la méconnaître. Il doit en être de même aujour-
d'hui.

C'est à vous, c'est-à-dire au souverain lui-même, que je
m'adresse, c'est à lui que je signale une grande injustice. Si
j'ai été assez heureux pour vous convaincre, votre devoir
est nettement tracé. Vous devez employer votre part de
souveraineté à la réparer. Cette part, sans doute, est infini-
ment petite, mais elle est bien certaine et bien déterminée ; il
dépend de vous de l'accentuer énergiquement, d'en accroître,
par votre volonté et votre persévérance, l'action et l'intensité.

Il en est parmi vous qui ont l'honorable ambition de repré-
senter leurs concitoyens à nos assemblées législatives ; qu'ils
me permettent de leur signaler cette question ; il n'en est pas
de plus importante, non-seulement par elle-même, mais par
les éléments de solution qu'elle fournit à d'autres questions
qui traînent misérablement depuis des années, sans résultats,
dans les bureaux et les commissions.

Il y a, sans doute, là, des difficultés, comme il y en a, du
reste, partout ailleurs. Je ne m'en suis pas effrayé ; je n'igno-
rais pas qu'à mesure qu'un mécanisme se perfectionne, il

exige des organes plus perfectionnés, plus délicats : une locomotive est certainement plus difficile à construire qu'une
voiture ordinaire, mais elle rend incomparablement plus de
services. Ces difficultés, à force de temps, je crois les avoir
toutes résolues ou, du moins, j'ai acquis la conviction qu'elles
étaient faciles à résoudre.

Mais si c'est une terre encore inexplorée où les travailleurs
doivent rencontrer bien des difficultés, bien des obstacles,
c'est aussi une terre vierge que la culture n'a pas épuisée,
dont personne n'a mesuré la richesse, et qui peut les récom-
penser par d'abondantes moissons, et peut-être par des trésors
cachés que leurs prévisions ne soupçonnaient pas.

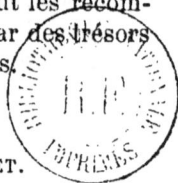

Trémoulet.

⁕

Imprimerie Ed. Chabrié, à Villeneuve.

www.ingramcontent.com/pod-product-compliance
Lightning Source LLC
Chambersburg PA
CBHW070735210326
41520CB00016B/4457